AF266036

CATALOGUE

DES LIVRES

QUI DOIVENT COMPOSER

LA BIBLIOTHÈQUE

D'UN LYCÉE,

Conformément à l'article XXVII de l'Arrêté
du 19 Frimaire an XI.

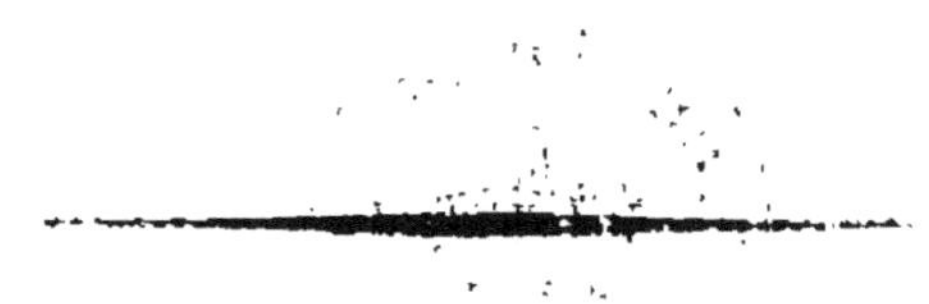

A PARIS,

DE L'IMPRIMERIE DE LA RÉPUBLIQUE.

An XII. = 1804 (v. s.).

CATALOGUE

DE LA BIBLIOTHÈQUE

D'UN LYCÉE.

MATHÉMATIQUES.

HISTOIRE des mathématiques, par J. François MONTUCLA ; nouvelle édition, considérablement augmentée ; publiée par Jérôme DE LA LANDE, à compter du tome III. *Paris, Agasse, ans 7 et 10, 4 vol. in-4.*º

Essai sur l'histoire générale des mathématiques, par BOSSUT. *2 vol. in-8.*º

Histoire de l'astronomie, par BAILLY. *5 vol. in-4.*º

EUCLIDIS quæ supersunt omnia, græcè et latinè ; edente Davide GREGORIO. *Oxoniæ, 1703, in-fol.*

EUCLIDIS Elementorum libri priores sex, item undecimus et duodecimus ; ex versione latinâ Feder. COMMANDINI, curante Rob. SIMSON. *Glasguæ, 1756, in-4.*º

ARCHIMEDIS quæ supersunt omnia, græcè et lat. ed. TORELLO. *Oxonii, 1792, in-fol.*

A 2

APOLLONII Pergæi Conicorum libri IV; ex versione COMMANDINI. *Bononiæ, 1566, in-fol.*

APOLLONII Pergæi Conicorum lib. V, VI et VII; ex editione BORELLI. *Florentiæ, 1661, in-fol.*

APOLLONII Pergæi Conicorum libri octo, græcè et latinè; edente HALLEIO. *Oxoniæ, 1710, in-fol.*

DIOPHANTI Alexandrini Arithmetica, græcè et latinè; edente P. DE FERMAT. *Tolosæ, 1670, in-fol.*

PAPPI Alexandrini Mathematicæ collectiones. *Pisauri, 1588, in-fol.*

Œuvres de DESCARTES; en latin, *8 vol. in-4.°;* — en français, *7 vol. in-4.°*

Usage de l'Analyse de DESCARTES, par DE GUA. *Paris, 1740, in-12.*

Is. NEWTONI Philosophiæ naturalis principia mathematica, cum commentariis LE SEUR et JACQUIER. *Col. All. 1760, 3 vol. in-4.°*

Is. NEWTONI Optice; latinè reddidit Sam. CLARKE. *Londini, 1719, in-4.°*

Traduction de l'Optique de NEWTON, par COSTE. *Paris, 1722, in-4.°;* ou la traduction nouvelle publiée par BEAUZÉE. *Paris, 1787, 2 vol. in-8.°*

Is. NEWTONI Arithmetica universalis. *Lugd. Bat. 1732, in-4.°*

Eadem Arithmetica universalis, perpetuis commentariis illustrata, auctore Antonio LECCHI. *Mediolani, 1752, 3 vol. in-8.°*

Eadem cum comment. Jo. CASTILLIONEI. *Amstel. 1761, 2 vol. in-4.°*

Arithmétique universelle de NEWTON, traduite du latin en français, avec des notes explicatives, par Noël BEAUDEUX. *Paris, Bernard, an 10 [1802], 2 vol. in-4.°*

Christiani HUGENII Opera omnia physica (curante s'GRAVESANDE). *Lugd. Bat. 4 vol. in-4.°*

Œuvres complètes de PASCAL (publiées par BOSSUT). *1779, 5 vol. in-8.°*

Guill. God. LEIBNITII Opera; edente DUTENS. *Genevæ, 1768, 6 vol. in-4.°*

Jacobi BERNOULLI Opera. *Genevæ, 1744, 2 vol. in-4.°*

Joannis BERNOULLI Opera. *Lausannæ, 1742, 4 vol. in-4.°*

Danielis BERNOULLI Hydrodynamica. *Argentorati, 1738, in-4.°*

Geometria indivisibilibus continuorum novâ quâdam ratione promota, auctore Bonaventurâ CAVALERIO. *Bononiæ, 1635, in-4.°*

Davidis GREGORII Catoptricæ et dioptricæ elementa. *Oxoniæ, 1695, in-8.°*

D. GREGORII Exercitationes geometricæ. *Edimburgi, 1644, in-4.°*

D. GREGORII Vera circuli et hyperbolæ quadratura. *1664, in-4.°*

D. GREGORII Astronomiæ physicæ et geometricæ

elementa. *Oxoniæ, 1702, in-fol.; Genevæ, 1726,* 2 *vol. in-4.*°

Jo. KEILL Introductio ad veram physicam. *Oxoniæ, 1715, in-8.*°

Jo. KEILL Introductio ad physicam et astronomiam. *Lugd. Bat. 1725, in-4.*°

Analyse des infiniment petits, par L'HÔPITAL. *Paris, 1715, in-4.*°

Élémens de la méthode des fluxions, par MACLAURIN, traduits en français par PEZENAS. *1749,* 2 *vol. in-4.*°

Algèbre de MACLAURIN, trad. en français par LE COSIC. *Paris, 1753, in-4.*°

Exposition des découvertes philosophiques de NEWTON, par MACLAURIN; trad. en français par LAVIROTTE. *1749, in-4.*°

J. MACLAURIN Geometria organica. *Londini, 1720, in-4.*°

Analyse démontrée du Père REYNEAU. *Paris, 1708,* 2 *vol. in-4.*°

La science du calcul, par le même. *Paris, 1714, in-4.*°

Traité du nivellement, par PICARD; nouvelle édition, augmentée par PARA. *1780, in-12.*

Is. BARROWII Lectiones opticæ. *Cantabrigiæ, 1674, in-4.*°

Leon. EULERI Introductio in analysim infinitorum. 2 *vol. in-4.*°

Introduction à l'analyse infinitésimale, par Léonard EULER; traduite du latin en français, avec des notes et des éclaircissemens, par J. B. LABEY. 2. vol. in-4.º

L. EULERI Institutiones calculi differentialis. 1755, in-4.º

L. EULERI Institutiones calculi integralis; editio altera. 1792-1794, 4 vol. in-4.º

L. EULERI Opuscula analytica. 1783, 2 vol. in-4.º

L. EULERI Opuscula varii argumenti. 1746, 1750 et 1751, 3 vol. in-4.º

L. EULERI Mechanica. *Petropoli*, 1736, 2 vol. in-4.º

L. EULERI Theoria motuum planetarum. 1744, in-4.º — Theoria motuum lunæ. 1753, in-4.º

L. EULERI Dioptrica. 1769, 1770 et 1771, 3 vol. in-4.º

L. EULERI Methodus inveniendi lineas curvas, &c. 1744, in-4.º

Algèbre d'EULER, traduite en français par J. BERNOULLI, avec des additions par LAGRANGE. 2 vol. in-8.º

Lettres d'EULER à une princesse d'Allemagne, sur quelques sujets de physique et de philosophie. *Pétersbourg*, 1768 et 1772, 3 vol. in-8.º

Introduction à l'analyse des lignes courbes algébriques, par CRAMER. *Genève*, 1750, in-4.º

Traité d'optique, par BOUGUER. 1760, in-4.º

Traité de navigation, par le même. *Paris*, 1753, in-4.º

Œuvres philosophiques et mathématiques de s'GRA-
VESANDE, publiées par ALLAMAND. *Amsterdam, 1774, 2 vol. in-4.º*

G. J. s'GRAVESANDE Matheseos universalis elementa. *Lugd. Bat. 1727, in-8.º*

Mécanique analytique, par LAGRANGE.*1788, in-4.*

Fonctions analytiques, par le même. *An 5, in-4.º*

Résolutions des équations numériques, par le même.
An 7, in-4.º

L'Architecture hydraulique de PRONY. *Paris,
1790 et ann. suiv. 2 vol. in-4.º*

Mécanique philosophique, par le même. *Paris,
an 8, in-4.º*

Exposition du système du monde, par LA PLACE.
Paris, 1800, in-4.º

Mécanique céleste, par LA PLACE. *1800 et 1802,
3 vol. in-4.º*

Astronomie, par DE LA LANDE, 3.ᵉ édit. *1792,
3 vol. in-4.º*

Astronomie du même, tome IV. *1771, in-4.º*

Leçons d'astronomie, par LA CAILLE, avec des
notes par DE LA LANDE. *In-8.º*

Institutions astronomiques, par LE MONNIER.
Paris, 1746, in-4.º

Élémens d'astronomie de CASSINI, avec les tables.
1740, 2 vol. in-4.º

Cours complet d'optique, traduit de l'anglais de
SMITH (par PEZENAS). *Avignon et Paris, 1767,*

2 vol. in-4.° ; ou une autre traduction avec des augmentations considérables (par DUVAL LE ROY). *Brest, 1767, in-4.°*

Statique de MONGE. *In-8.°*

Géométrie descriptive, par le même. *In-8.°*

Cours de mathématiques, par BOSSUT. 8 vol. *in-8.°*

Cours de mathématiques, par BEZOUT. 6 vol. *in-8.°*

Théorie des équations, par le même. *1779, in-4.°*

Élémens de géométrie, par LEGENDRE. *In-8.°*

Essai sur la théorie des nombres, par le même. *1798, in-4.°*

Calcul différentiel et intégral, et Traité des séries, par LACROIX. 2 vol. *in-4.°*

Arithmétique, Algèbre et Complément, abrégé du Calcul différentiel et intégral, par le même. 5 vol. *in-8.°*

Calcul différentiel et intégral, par COUSIN. *1796,* 2 vol. *in-4.°*

Élémens de calcul intégral, par LE SEUR et JACQUIER. *Parme, 1768,* 2 vol. *in-4.°*

Traité du calcul intégral, par DE BOUGAINVILLE. *Paris, 1754,* 2 vol. *in-4.°*

Traité de mécanique, par MARIE. *Paris, 1774, in-4.°*

Leçons élémentaires de mathématiques, par LA CAILLE, augmentées par MARIE. *1778, in-8.°*

Leçons d'optique et de perspective, par LA CAILLE. *In-8.°*

Cours de mathématiques, par CAMUS. 4 vol. in-8.°

Traité analytique des courbes et des surfaces du second degré, par BIOT. In-8.°

Christiani WOLFII Elementa matheseos universæ. Genevæ, 1740, 5 vol. in-4.°

Arithmétique de MAUDUIT; nouv. édit. In-8.°

Géométrie du même; nouv. édit. In-8.°

Astronomie sphérique, par le même. In-8.°

Élémens d'algèbre, par CLAIRAUT; nouv. édit. publiée par LACROIX. 2 vol. in-8.°

Théorie de la figure de la terre, par CLAIRAUT. 1743, in-8.°

Traité de trigonométrie, traduit de l'italien de CAGNOLI, par CHOMPRÉ. 1786, in-4.°

Traité de gnomonique, par RIVARD. In-8.°

Traité de trigonométrie, par le même. In-8.°

Traité de la sphère et du calendrier, par le même. In-8.°

Gnomonique pratique, par BEDOS. 1774, in-8.°

Traité de trigonométrie et de gnomonique, par DEPARCIEUX. 1741, in-4.°

Art de jeter les bombes, par BLONDEL. 1690, in-12.

Arithmétique et géométrie de l'officier, par LE BLOND. 1767, 2 vol. in-8.°

Adriani ULACCI Trigonometria artificialis. Goudæ, 1633, in-fol.

Tables portatives de logarithmes, par CALLET. *Paris, 1795, in-8.º*

Description d'un nouveau cercle, par BORDA. *1787, in-4.º*

Tables trigonométriques décimales, par le même. *An 9, in-4.º*

L'Art de lever les plans, par DUPAIN DE MONTESSON; nouvelle édition, revue, corrigée et augmentée par VERKAVEN. *Paris, Barrois l'aîné et fils, an 12, in-8.º*

Jo. WALLIS Opera mathematica. *Oxon. 1695-1699, 3 vol. in-fol.*

Dictionnaire de mathématiques de l'Encyclopédie méthodique. *3 vol. in-4.º*

Dictionnaire de mathématiques et de physique, par SAVÉRIEN. *2 vol. in-4.º*

Nouvelles règles pour la pratique du dessin et du lavis, par DE LA GARDETTE. *Paris, Barrois l'aîné et fils, an 11, in-8.º*

PHYSIQUE.

G. J. s'GRAVESANDE Physices elementa mathematica. *Leidæ, 1741, 2 vol. in-4.º*

Cours de physique expérimentale, par DESAGULIERS; traduit en français par PEZENAS. *1750, 2 vol. in-4.º*

P. MUSSCHEMBROEK Introductio ad philosophiam naturalem. *2 vol. in-4.º*

P. MUSSCHEMBROEK Physica experimentalis et
geometrica. *Lugd. Bat. 1729, in-4.°*

P. MUSSCHEMBROEK Compendium physicæ experimentalis. *1762, in-8.°*

Essais de physique du même; traduits par SIGAUD-
LAFOND. *1769, 3 vol. in-4.°*

Rob. BOYLII Opera. *Londini, 1744, 5 vol. in-fol.*

Rob. BOYLII varii Tractatus. *Col. Allobrog. 1677-
1686, 5 vol. in-4.°*

Ejusdem BOYLII Tentamen porologicum. *Lond.
1684, in-12.*

Œuvres de FRANKLIN, trad. en franç. par L'ECUY
et BARBEU DU BOURG. *1773, 2 vol. in-4.°*

Leçons de physique, par NOLLET. *6 vol. in-12.*

Histoire de l'électricité, par PRIESTLEY; trad. en
fr., avec des notes critiques. *1771, 3 vol. in-12.*

Traité élémentaire de physique, par LIBES. *3 vol.
in-8.°*

Traité élémentaire de physique, par BRISSON.
4 vol. in-8.°

Dictionnaire raisonné de physique, par le même.
An 8, 3 vol. in-4.°

ÆPINI Tentamen theoriæ electricitatis. *Petropoli,
1759, in-4.°*

Exposition raisonnée de la théorie de l'électricité
et du magnétisme, d'après les principes d'ÆPI-
NUS, par HAÜY. *1787, in-8.°*

Essais de physique expérimentale et de chimie, par

JACOTOT. *2 vol. in-8.°, et 1 vol. in-4.° de planches.*

Leçons de physique expérimentale sur l'équilibre des liqueurs, par COTES; trad. de l'anglais (par LE MONNIER). *1742, in-8.°*

Dictionnaire de physique de l'Encyclopédie méthodique. *In-4.°*

Traité élémentaire de physique, par HAÜY. *Paris, Delance, an 11, 2 vol. in-8.°*

HISTOIRE NATURELLE.

PLINII SECUNDI Historiæ naturalis libri XXXVII, edente HARDUINO. *3 vol. in-fol., ou 5 vol. in-4.°*

PLINII SECUNDI Historia naturalis, cum interpretatione et notis integris J. HARDUINI, itemque cum commentariis variorum; ex recensione FRANZII. *Lipsiæ, 1778-1791, 10 vol. in-8.°*

Morceaux extraits de PLINE, traduits en français par GUÉROULT. *1785, in-8.°*

Histoire naturelle des animaux, par PLINE; traduction nouvelle, avec le texte, par GUÉROULT. *3 vol. in-8.°*

Histoire naturelle générale et particulière, avec la description du Cabinet du roi, par BUFFON et DAUBENTON. *Paris, Imprimerie royale, 1749-1789, 36 vol. in-4.°*

La même, sans la partie anatomique. *Paris, 1774-1789, 34 vol. in-4.°*

La même, in-12. *1752 et ann. suiv. 73 vol.* avec la

partie anatomique, ou *1774 et ann. suiv. 54 vol.* sans cette partie.

C. LINNÆI Systema naturæ; edit. XIII.ᵃ, curante GMELIN. *Lipsiæ, 1788 - 1793, 10 vol. in-8.°*

C. LINNÆI Amœnitates academicæ. *Erlangæ, 1787-1790, 10 vol. in-8.°*

Collection complète des Œuvres de Charles BONNET. *8 vol. in-4.°* ou *18 vol. in-8.°*

Opuscules de physique animale et végétale, par SPALLANZANI; trad. par J. SENNEBIER. *Paris, 1787, 3 vol. in-8.°*

1.ᵉ HISTOIRE DES ANIMAUX EN GÉNÉRAL.

Histoire des animaux d'ARISTOTE, en grec, avec la traduction française, par CAMUS. *Paris, 1783, 2 vol. in-4.°*

C. GESNERI Historia animalium. *Tiguri, 1551-1587, 4 vol. in-fol.*

Ulys. ALDROVANDI Opera omnia. *Bononiæ, 13 vol. in-fol.*

Alberti VON HALLER Elementa physiologiæ corporis humani. *Lausannæ, 1757, 8 vol. in-4.°*

BRISSONII Regnum animale. *Parisiis, Bauche, 1756, in-4.°*

Zoophylacii Gronoviani fasciculi tres; disposuit atque descripsit Laur. Theod. GRONOVIUS. *Lugd. Bat. 1763, 1764 et 1781, 3 parties en un vol. in-fol.*

Tableau élémentaire de l'histoire naturelle des animaux, par CUVIER. *In-8.°*

Leçons d'anatomie comparée, par le même. *In-8.°*

La connaissance du cheval, par J. B. HUZARD.

Mammifères.

J. RAII Synopsis animalium quadrupedum et serpentum. *Lond. 1694, in-8.°*

J. S. KLEIN Quadrupedum dispositio brevisque historia naturalis. *Lipsiæ, 1751, in-4.°*

Specimen zoologiæ geographicæ, quadrupedum domicilia et migrationes sistens; auctore ZIMMERMANN. *Lugd. Bat. 1777, in-4.°*

Oiseaux.

Fr. WILLUGHBY Ornithologiæ libri III, per Joan. RAIUM. *Lond. 1676, in-fol.*

J. RAII Synopsis methodica avium. *Lond. in-8.°*

J. S. KLEIN Historiæ avium prodromus. *1750, in-4.°*

Ornithologie en latin et en français, par BRISSON. *Paris, 1760, 6 vol. in-4.°*

Quadrupèdes ovipares, Serpens.

Histoire naturelle des quadrupèdes ovipares et des serpens, par LA CÉPÈDE. *2. vol. in-4.°*

Histoire naturelle des quadrupèdes ovipares, par DAUDIN, *in-4.°*, par souscriptions et livraisons; chez *Fuchs.*

Poissons.

G. RONDELETII Libri de piscibus marinis. *Lugd. Bat.* 1554, *in-fol.*

Fr. WILLUGHBY Historia piscium. *Oxonii,* 1686, *in-fol.*

Petr. BELLONII de Aquatilibus libri duo. *Parisiis,* 1553, *in-8.º*

P. ARTEDI Ichthyologia; edidit C. LINNÆUS. *Lugd. Bat.* 1738, *in-8.º*

P. M. A. BROUSSONET Ichthyologia, sistens piscium descriptiones et icones. *Lond.* 1782, *in-fol.*

Historia piscium, auctore A. GOUAN. 1770, *in-4.º*

Histoire des poissons, par LA CÉPÈDE. 1799-1803, 5 *vol. in-4.º,* ou 11 *vol. in-12.*

Mollusques, Insectes, Vers, Zoophytes.

Conchyliologie, ou Histoire naturelle des coquilles de mer, d'eau douce, terrestres et fossiles, par DEZALLIER D'ARGENVILLE; 3.ᵉ édition. *Paris,* 1780, 2 *vol. in-4.º*

Tableau systématique des vers mollusques, par LAMARCK. *An* 10, *in-8.º*

J. SWAMMERDAMII Biblia naturæ, sive Historia insectorum in classes redacta. *Leiden,* 1737, 2 *vol. in-fol.*

Mémoires pour servir à l'histoire des insectes, par RÉAUMUR. *Paris,* 1734-1748, 6 *vol. in-4.º*

Mémoires pour servir à l'histoire des insectes, par Carl DEGEER. *Stockholm, 1752-1778, 7 vol. in-4.*

Histoire abrégée des insectes qui se trouvent aux environs de Paris (par GEOFFROY). *Paris, 1762, 2 vol. in-4.*

J. C. FABRICII Philosophia entomologica. *Hamburgi, 1778, in-8.*

Ejusdem Entomologia systematica. *Hafniæ, 1793, 5 vol. in-8.*

Théologie des insectes de LESSER, traduite de l'allemand par LYONNET. *1745, 2 vol. in-8.*

Mémoires pour servir à l'histoire des polypes d'eau douce, par TREMBLEY. *Leyde, 1744, in-4.*

Oth. Frid. MÜLLER Vermium terrestrium et fluviatilium, seu animalium et infusoriorum helminthicorum et testaceorum non marinorum, succincta Historia. *1773 et 1774, 2 vol. in-4.*

2.º HISTOIRE DES PLANTES.

P. S. PALLAS Miscellanea et spicilegia zoologica. *Berolini, 1766, 1767, 1774, 1780, 4 vol. in-4.*

C. LINNÆI Systema vegetabilium; edente PERSON. *Gættingæ, 1797, in-8.*

C. LINNÆI Species plantarum; edente WILLDENOW. *Berolini, 1797, 3 vol. in-8.*

C. LINNÆI Genera plantarum; edente SCHREBER. *1789 et 1791, 2 vol. in-8.*

C. LINNÆI Philosophia botanica. *1790, in-8.*

C. LINNÆI Critica botanica. *Lugd. Bat.* 1737, *in-8.°*

L. DE JUSSIEU Genera plantarum. 1789, *in-8.°*

Tableau du règne végétal, par VENTENAT. *4 vol. in-8.°*

Physiologie végétale, par SENNEBIER et MIRBEL. *Genève, 1800, 5 vol. in-8.°*

J. GÆRTNER De fructibus et seminibus planta- rum. *Stuttg. 1788, et Tubingæ, 1791, 2 vol. in-4.°*

Flore française, par J. B. DELAMARCK, *3 vol. in-8.°*

Herbier de la France, par BULLIARD. *Paris, 1780-1793, 151 cahiers, 6 ou 12 vol. in-fol.*

Traité des arbres et arbustes, par H. L. DUHAMEL. *Paris, 1755, 2 vol. in-4.°*

La physique des arbres, par DUHAMEL. *Paris, 1758, 2 vol. in-4.°*

J. HEDWIG Descriptio et adumbratio microsco- pico-analytica muscorum frondosorum, &c. *Lipsiæ, 1787-1797, 4 vol. in-fol.*

Georg. Fr. HOFFMANNI Vegetabilia cryptogama. *Lipsiæ, 1789-1797, fasciculi decem, 3 vol. in-fol.*

J. G. GLEDITSCH Methodus fungorum. *Berolini, 1753, in-8.°*

3.° HISTOIRE DES MINÉRAUX.

Traité de minéralogie, par HAÜY. *1801, 4 vol. in-8.°, et atlas in-4.°*

Essai d'une théorie sur la structure des cristaux,
par HAÜY. *1784, in-8.°*

Pesanteur spécifique des corps , par BRISSON.
Paris, 1787, in-4.°

Théorie de la terre, par DE LA MÉTHERIE; édit.
nouv. *5 vol. in-8.°*

Lettres géologiques, par DE LUC. *In-8.°*

CHIMIE.

Systéme des connaissances chimiques, par FOUR-
CROY. *1800, 11 vol. in-8.°*, y compris la table.

Philosophie chimique, par le même. *In-8.°*

Tableaux de chimie, par le même. *In-8.°*

Élémens de chimie, par LAVOISIER. *2 vol. in-8.°*

Opuscules chimiques, par le même. *In-8.°*

Chimie de CHAPTAL. *3 vol. in-8.°*

Opuscules chimiques de BERGMANN; traduits en
français par GUYTON-MORVEAU. *2 vol. in-8.°*

Dictionnaire de chimie, de MACQUER. *1778, 2 vol.
in-4.°*

HISTOIRE.

Bible de VATABLE. *2 vol. in-fol.*

Bible de ROYAUMONT.

Tables chronologiques de l'histoire ancienne et
moderne, à l'usage du Prytanée français, par
A. SERIEYS. *Paris, an 11, in-12.*

Tableau comparatif de l'histoire ancienne, par
PRÉVOST D'IRAY. *Paris, an 11, in-fol.*

La chronologie, ou Science de l'histoire, par
    CHANTREAU; *édition de Goujon*.

Atlas historique et géographique, par LE SAGE.
    Gr. in-fol. 32 cartes.

Tablettes chronologiques, par LENGLET DUFRÉ-
    NOY. *1778, 2 vol. in-8.°*

Méthode pour étudier l'histoire, par LENGLET
    DUFRÉNOY. *6 vol. in-4.°*

Le même ouvrage, nouvelle édition, augmentée
    (par DROUET). *15 vol. in-12.*

Discours sur l'histoire universelle, par BOSSUET.
    In-4.° ou in-8.°

Essai sur l'histoire générale, par VOLTAIRE. *8 vol.
    in-8.° ou in-12.*

Rudimens d'histoire, par DOMAIRON. *Paris, 1801,
    4 vol. in-12.*

La mythologie comparée avec l'histoire, par l'abbé
    DE TRESSAN. *2 vol. in-12.*

Histoire universelle, traduite de l'anglais. *46 vol.
    in-4.°, ou 126 in-8.°*

Élémens de l'histoire universelle, par MILLOT.
    9 vol. in-12.

Selectæ è profanis scriptoribus historiæ (auctore
    HEUZET). *In-12.*

Le même, traduit en français par BARRETT; ou
    Histoires et maximes morales extraites des auteurs
    profanes. *Paris, Barbou, 1781, in-12.*

Histoire ancienne des Assyriens, des Mèdes, des

Perses, &c., par ROLLIN. *6 vol. in-4.°*, ou *14 vol. in-12.*

Histoire romaine, par ROLLIN et CREVIER. *8 vol. in-4.°*, ou *16 vol. in-12.*

Révolutions romaines, par DE VERTOT. *3 vol. in-12.*

Grandeur et décadence des Romains, par MONTESQUIEU. *In-12.*

Histoire des progrès et de la chute de la République romaine, par FERGUSON; trad. de l'anglais par DÉMEUNIER. *7 vol. in-8.° ou in-12.*

Histoire de la décadence et de la chute de l'empire romain, par GIBBON; traduite de l'anglais par divers auteurs. *18 vol. in-8.°*

Histoire des empereurs, par CREVIER. *12 vol. in-12.*

Histoire du Bas-Empire, par LEBEAU et AMEILHON. *25 vol. in-12.*

Notice de l'ancienne Gaule, par D'ANVILLE. *Paris, 1760, in-4.°*

Histoire de France, par VELLY, VILLARET et GARNIER. *16 vol. in-4.°*, ou *33 vol. in-12 avec la table.*

Élémens de l'histoire de France, par MILLOT. *3 vol. in-12.*

Abrégé chronologique de l'histoire de France, par le président HÉNAULT, avec la suite par FANTIN. *5 vol. in-8.°*

Esprit de la Ligue, par ANQUETIL. *3 vol. in-12.*

Histoire d'Angleterre, trad. de l'anglais de HUME

(par Madame BELOT et l'abbé PRÉVOST). 7 vol.
in-4.°, ou 18 vol. in-12.

Révolutions d'Angleterre, par le P. DORLÉANS.
4 vol. in-12.

Élémens de l'histoire d'Angleterre, par MILLOT.
3 vol. in-12.

Histoire de Charles-Quint, par ROBERTSON ; trad.
de l'anglais (par SUARD). 2 vol. in-4.°, ou 6 vol.
in-12.

Histoire de Danemarck, par MALLET. 9 vol. in-12.

Histoire d'Espagne, traduite de FERRERAS par
D'HERMILLY. 10 vol. in-4.°

Histoire de Charles XII, par VOLTAIRE. In-12.

Révolutions de Suède, par VERTOT et SHERIDAN.
3 vol. in-12 ; le troisième trad. de l'anglais.

Histoire d'Amérique, par ROBERTSON ; traduite de
l'anglais (par SUARD et MORELLET). 5 vol.
in-12.

Mœurs des Israélites et des Chrétiens, par FLEURY ;
nouvelle édition, précédée d'une notice sur la
vie et les ouvrages de l'auteur. Paris, Goujon fils,
3 vol. in-12.

Histoire des Juifs, par Fl. JOSEPHE ; trad. du grec
en français par ARNAULD D'ANDILLY. 5 vol.
in-8.°, ou 2 vol. in-fol.

Discours sur l'histoire ecclésiastique, par FLEURY.
In-12.

Histoire sainte de l'ancien et du nouveau Testa-

ment, par Dom CALMET. 1757, 4 vol. in-4.°,
ou 1780, 3 vol. in-8.°

Abrégé chronologique de l'histoire d'Allemagne,
par PFEFFEL. 2 vol. in-4.° ou in-8.°

Révolutions de Portugal, par VERTOT. In-12.

Histoire philosophique et politique des établisse-
mens des Européens aux Indes, par RAYNAL.
1780, 5 vol. in-4.° ou 10 vol. in-8.°, et atlas in-4.°

La Conjuration de Venise, par SAINT-RÉAL.

GÉOGRAPHIE.

Géographie de BUSCHING, traduite de l'allemand.
1789, 16 vol. in-8.°

Élémens de géographie, par MENTELLE. In-12.

Petit Atlas de GRENET, in-4.°, avec le vol. in-12,
intitulé, *Abrégé de Géographie*, qui sert pour
l'étudier.

Tableau général de la nouvelle division de la France
en départemens, par CHANLAIRE. In-4.°

Cartes de divers départemens.

Statistique générale de la France. 7 vol. in-8.°
avec atlas.

Nouvelle Carte d'Allemagne, par MENTELLE.

Géographie moderne, rédigée sur un nouveau plan,
par J. PINKERTON ; trad. de l'anglais, avec des
notes et augmentations considérables, par C. A.
WALCKENAER ; suivie du Tableau des vues de la

politique anglaise, par FRANÇOIS (de Neuf-
château). *6 vol. in-8.ᵉ* et atlas *in-4.ᵒ*

Cours complet de cosmographie, de chronologie et
d'histoire ancienne et moderne, par MENTELLE ;
2.ᵉ édition. *4 vol. in-8.ᵉ* et un atlas.

VOYAGES.

Voyage du jeune Anacharsis en Grèce, par BAR-
THÉLEMY. *5 vol. in-4.ᵉ*, avec l'atlas, ou *7 vol.
in-8.ᵉ* et atlas *in-4.ᵒ*

Histoire universelle des voyages, par l'abbé PRÉ-
VOST. *20 vol. in-4.ᵉ* ou *76 vol. in-12.*

Voyages de TAVERNIER en Turquie, en Perse et
aux Indes. *6 vol. in-12.*

Voyage autour du monde, par ANSON. *In-4.ᵉ*
ou *4 vol. in-12.*

Voyages en Perse et autres lieux, par CHARDIN.
10 vol. in-12 ou *4 vol. in-4.ᵉ*

Voyage autour du monde, par COOK ; traduit de
l'anglais (par SUARD et DÉMEUNIER). *13 vol.
in-4.ᵉ* ou *18 vol. in-8.ᵒ*

Voyage autour du monde, par BOUGAINVILLE.
In-4.ᵉ ou *2 vol. in-8.ᵉ*

Voyages en Amérique et à l'Équateur, par LA CON-
DAMINE. *1 vol. in-8.ᵉ* et *3 vol. in-4.ᵉ*

Voyage aux sources du Nil, par BRUCE ; traduit
de l'anglais par CASTERA. *6 vol. in-4.ᵉ* ou *10 vol.
in-8.ᵒ*, et atlas *in-4.ᵒ*

Voyage d'Égypte et de Nubie, par NORDEN; traduit de l'anglais (par DESROCHES); nouvelle édition, avec les notes de LANGLÈS. *3 vol. in-4.*

Voyage en Syrie et en Égypte, par VOLNEY. *2 vol. in-8.*

Voyage dans la basse et la haute Égypte pendant les campagnes de BONAPARTE, par DENON. *3 vol. in-12.*

Voyage en Russie, par PALLAS. *5 vol. in-4.* ou *8 vol. in-8.*, avec l'atlas *in-fol.*

Voyage autour du monde, précédé d'un voyage en Italie, par PAGÈS. *3 vol. in-8.*

Nouveau Voyage en Italie, par MISSON. *4 vol. in-12.*

Voyage en Suisse, par MAYER. *2 vol. in-8.*

Voyage autour du monde, par LA PÉROUSE *4 vol. in-4.*, et atlas *gr. in-fol.*

Nouveau Voyage en Espagne, en 1777 et 1778 (par PEYRON). *2 vol. in-8.*

Voyage en Afrique, par LE VAILLANT. *4 vol. in-4.* ou *5 vol. in-8.*

Voyage littéraire de la Grèce, par GUYS. *4 vol. in-8.*

Voyages du P. LABAT. *36 vol. in-12.*

Voyage de COXE en Pologne, Russie, Suède et Danemarck; traduit de l'anglais par MALLET. *4 vol. in-8.*

Voyages de CHATELLUX en Amérique. *2 vol. in-8.*

Voyage du lord MACARTNEY en Chine, traduit de l'anglais par CASTERA; *2.* édit. *5 vol. in-8.*

Voyage de MUNGO-PARK, traduit par CASTERA.
2 *vol. in-8.°*

Voyage en Arabie et Description de l'Arabie, par
NIEBUHR. *3* ou *4 vol. in-4.°*

Voyage à l'océan Pacifique du nord, par VAN-
COUVER; traduit de l'anglais (par DÉMEUNIER
et MORELLET). *3 vol. in-4.°*, et atlas.

AUTEURS CLASSIQUES,

ET LEURS TRADUCTIONS.

Poëtes grecs.

HOMERI Opera, gr. et lat.; edente J. Aug. ERNESTI.
Lipsiæ, 1759-1764, 5 vol. in-8.°

L'Iliade d'HOMÈRE, traduite en français (par LE
BRUN). *1776, 3 vol. in-8.°* ou *2 vol. in-12.*

L'Iliade et l'Odyssée d'HOMÈRE, trad. en français
par BITAUBÉ. *6 vol. in-8.°*

THEOCRITI Opera, gr. et lat.; edente Joh. Jac.
REISKE. *Viennæ, 1765, 2 vol. in-4.°*

Idylles de THÉOCRITE, traduites en français par
CHABANON. *In-8.°*

Les mêmes, trad. en fr. par GEOFFROY. *In-8.°*

PINDARI Carmina, gr. et lat.; cum notis HEYNE.
Gottingæ, 1798, 5 vol. in-8.°

Essai sur Pindare, par VAUVILLIERS. *In-12.*

HESIODI Opera, græcè et latinè; ex editione Th.
ROBINSON. *Oxonii, 1737, in-4.°*

Œuvres d'HÉSIODE, traduites en français par BERGIER, à la suite de l'Origine des dieux, &c. 2 vol. in-12.

Hymnes de CALLIMAQUE, avec une version française et des notes, par DU THEIL. 1775, in-8.º

Théâtre d'ESCHYLE, avec la traduction française et des notes, par le même. 1795, 2 vol. in-8.º

Théâtre des Grecs, par BRUMOY; nouvelle édition. 13 vol. in-8.º

Les trois fabulistes, ÉSOPE, PHÈDRE et LA FONTAINE, par GAIL et CHAMFORT. 4 vol. in-8.º

Poëtes latins.

Conciones poeticæ, ou discours choisis des poëtes latins anciens, avec argumens analytiques et notes en français, par NOËL et DE LA PLACE. *In-12.*

VIRGILII Opera; interpretatione et notis illustravit Carolus RUÆUS soc. Jesu, ad usum Delphini. *Parisiis, 1682, in-4.º*

VIRGILII Opera, cum notis HEYNE. *Lipsiæ, 1800, 6 vol. in-8.º*

Traduction de VIRGILE, par les quatre Professeurs. 4 vol. *In-12.*

Géorgiques de VIRGILE, traduites en vers français par DELILLE. *In-8.º et in-12.*

OVIDII Opera, cum notis BURMANNI. 4 vol. in-4.º

Métamorphoses d'OVIDE, traduites en français par
BANIER. *3 vol. in-12.*

Les mêmes, traduites par DUBOIS-FONTANELLE;
nouvelle édition. *4 vol. in-8.°*

Les mêmes, trad. en vers français par DE SAINT-
ANGE. *2 vol. in-8.°*

Les Élégies d'OVIDE pendant son exil, traduites
en français par le P. DE KERVILLARS. *2 vol. in-12.*

Les Fastes d'OVIDE, traduits en français, avec
des notes, par BAYEUX. *Paris, Barrois l'aîné et
fils, 4 vol. in-8.°*

T. LUCRETII de rerum naturâ libri sex; cum interpretatione et notis, ad usum Delphini. *Parisiis,
1680, in-4.°; seu cum commentariis* WAKEFIELD.
Londini, 1796, in-4.°

LUCRÈCE, traduit par LAGRANGE. *2 vol. in-8.°*
ou *in-12.*

Valerii CATULLI, Albii TIBULLI et Sexti Au-
relii PROPERTII Opera; interpretatione et notis
illustravit Phil. SILVIUS [DU BOIS] in usum
Delphini. *Parisiis, 1685, 2 vol. in-4.°*

LUCANI Pharsalia, cum notis OUDENDORPII.
1728, 2 vol. in-4.°

La Pharsale de LUCAIN, traduite en français par
MARMONTEL. *2 vol. in-8.°*

STATII Opera, cum notis variorum. *1671, in-8.°*

Œuvres de STACE, traduites en français par COR-
MILIOLE. *5 vol. in-12.*

Sylves de STACE, trad. en français par LATOUR, avec le texte et des notes. *In-8.°*

Satyres de JUVÉNAL, trad. en fr. par DUSAULX. *2 vol. in-8.°*

Satyres de PERSE, trad. en fr. par SELIS. *In-8.°*

HORATII Opera, cum notis BAXTERI et GESNERI. *Lipsiæ, 1772, in-8.°*

HORATII Carmina, cum annotationibus J. BOND, ad usum scholarum (curante BERARDIER). *Parisiis, Quillau, 1765, in-12.*

Œuvres d'HORACE, traduites en français, avec des notes, par SANADON. *8 vol. in-8.°* ou *in-12.*

Œuvres d'HORACE, trad. en français par BATTEUX. *2 vol. in-12.*

Les mêmes, trad. par BINET. *2 vol. in-12.*

Seconde guerre Punique, poëme de SILIUS ITALICUS, traduit en français par LEFEBVRE DE VILLEBRUNE. *3 vol. in-12.*

Œuvres de CLAUDIEN, traduites en français (par LATOUR). *2 vol. in-8.°*

SENECÆ Tragœdiæ; ex ed. SCHRODERI. *1728, 2 vol. in-4.°*

Théâtre de SÉNÈQUE, trad. en français par COUPÉ. *2 vol. in-8.°*

Les Comédies de TÉRENCE, avec le texte latin et des notes, par LEMONNIER. *3 vol. in-8.°*

PHÈDRE, traduit en français par GAIL.

Voyez le tome II des trois Fabulistes.

FAERNI Fabulæ centum, notis illustratæ; edente BOINVILLIERS. *In-12.*

Fables de FAERNE, traduites en vers par PER-RAULT. *In-12.*

Historiens grecs.

PLUTARCHI Opera, gr. et lat. *Lutetiæ Parisiorum,* *1624, 2 vol. in-fol.;* seu cum notis variorum, curâ et studio J. Jac. REISKE. *Lipsiæ, 1774-1779,* *12 vol. in-8.º*

Œuvres de PLUTARQUE, trad. par AMYOT; édition nouvelle de CUSSAC. *25 vol. in-8.º;* ou édit. de BASTIEN. *18 vol. in-8.º*

Vies des Hommes illustres de PLUTARQUE, trad. en français par RICARD. *13 vol. in-12.*

HERODOTI Halicarnassei Historiarum libri IX, gr. et lat., cum notis WESSELINGII. *Amstel. 1763,* *in-fol.*

HERODOTI Historiarum libri IX, græcè; curante BORHECK. *Lemgov. 1781, 2 vol. in-8.º*

Histoire d'HÉRODOTE, traduite en français par LARCHER; nouv. édition. *9 vol. in-8.º*

THUCYDIDIS Historiæ, gr. et lat.; edente DU-KERO. *Amstel. 1731, 2 vol. in-fol.;* seu *Biponti,* *1788, 6 vol. in-8.º*

Histoire de THUCYDIDE, traduite en français par LÉVÊQUE. *4 vol. in-8.º*

XÉNOPHONTIS Opera, gr. et lat.; edente Jos. Aug. ERNESTI. *Lipsiæ*, *1763*, *4. vol. in-8.º*

Trois ouvrages de XÉNOPHON : 1.º Condition des rois, trad. en français par COSTE; 2.º la Retraite des dix mille, traduite par PERROT D'ABLANCOURT; 3.º les Choses mémorables de Socrate, traduites par CHARPENTIER, *2 vol. in-12.*

De l'Expédition de Cyrus, ou de la retraite des dix mille; traduit du grec de XÉNOPHON par LARCHER. *1778*, *2 vol. in-12.*

La Cyropédie, ou Histoire de Cyrus, traduite du grec de XÉNOPHON par J. B. DACIER. *1777*, *2 vol. in-12.*

Républiques de Sparte et d'Athènes, trad. du grec de XÉNOPHON par J. B. GAIL. *Paris*, *an 3*, *petit in-12.*

DIODORI Siculi Bibliothecæ historicæ libri qui supersunt, gr. et lat., cum notis WESSELINGII. *Amstel.* *1746*, *2 vol. in-fol.*; seu curante EICHSTÆDT. *Halæ*, *1800*, *4 vol. in-8.º*

Histoire universelle de DIODORE de Sicile, trad. en français par TERRASSON. *7 vol. in-12.*

Historiens latins.

TITI LIVII Historiæ, cum notis CREVIER. *Parisiis*, *1735*, *6 vol. in-4.º*; seu cum notis Arn. DRAKENBORCH. *Lugd. Bat.* *1738*, *7 vol. in-4.º*

Traduction de TITE-LIVE, par GUÉRIN, revue par COSSON. *10 vol. in-12.*

C. Corn. TACITI Opera, cum supplementis, notis et dissertationibus Gabr. BROTIER. *7 vol. in-12.*

TACITI Opera, ex recensione Jos. Aug. ERNESTI; denuò curavit Jer. Jac. OBERLINUS. *Lipsiæ, 1801, 2 vol. in-8.º*

Œuvres de TACITE, trad. en français par DE LA BLÉTERIE et DOTTEVILLE. *7 vol. in-8.º* ou *in-12.*

TACITE, traduction nouvelle, par DUREAU DE LAMALLE. *3 vol. in-8.º*

VELLEIUS PATERCULUS, traduit en français par PAUL. *In-12.*

CORNELIUS NEPOS, du même. *In-12.*

FLORUS, du même. *In-12.*

JUSTIN, du même. *2 vol. in-12.*

SALLUSTE de DOTTEVILLE. *In-12.*

Le même, traduit par BEAUZÉE. *In-12.*

La Conjuration de Catilina, traduite du latin de SALLUSTE par BILLECOCQ. *In-18.*

CÉSAR de WAILLY. *2 vol. in-12.*

QUINTE-CURCE de BEAUZÉE. *2 vol. in-12.*

Moralistes grecs.

Œuvres morales de PLUTARQUE, traduites par RICARD. *17 vol. in-12.*

Les Caractères de THÉOPHRASTE, trad. nouvelle, avec le texte et des notes, par CORAY. *In-8.º*

PLATONIS Opera, græcè et latinè. *Parisiis, 1578, 3 vol. in-fol.*; vel studio societatis Bipontinæ. *1781, 12 vol. in-8.º*

Bibliothèque des Philosophes, trad. du grec par DACIER, GROU et autres. *11 vol. in-12.*

LUCIANI Opera, gr. et lat.; ex. ed. HEMSTERHUSII et REITZII. *Amstel. 1743 et 1746, 4 vol. in-4.º*; vel *Biponti, 1789, 10 vol. in-8.º*

Œuvres de LUCIEN, trad. en français par BELIN DE BALLU. *6 vol. in-8.º*

Moralistes latins.

Entretiens de CICÉRON sur la nature des dieux, trad. par D'OLIVET. *2 vol. in-12.*

Entretiens de CICÉRON sur les vrais biens et les vrais maux, traduits en français par REGNIER DESMARAIS, avec le texte latin. *In-12.*

Les deux livres de la Divination de CICÉRON, traduits en français par REGNIER DESMARAIS, avec le texte latin; suivis du Traité de la consolation, trad. par MORABIN. *In-12.*

Les Livres de CICÉRON, de la vieillesse, de l'amitié, les Paradoxes, le Songe de Scipion, trad. nouv. avec le latin; nouvelle édition, augmentée de la lettre politique à Quintus, et retouchée avec soin par DE BARRETT. *In-12.*

Les Offices de CICÉRON, traduction nouvelle avec le latin, par DE BARRETT. *In-12.*

Les Académiques de CICÉRON, avec le texte latin et des remarques nouvelles, suivies du Commentaire latin de Pierre VALENCE, par David DURAND; nouvelle édition, augmentée de la traduct. française du Commentaire de VALENCE, par DE CASTILLON. 2 *vol. in-12.*

Les Tusculanes de CICÉRON, trad. par BOUHIER et D'OLIVET; nouv. édit. 2 *vol. in-12.*

Œuvres philosophiques de CICÉRON, trad. par DE BARRETT, REGNIER DESMARAIS, MORABIN, D'OLIVET et David DURAND. *10 vol. pet. in-12,* sans texte latin.

SENECÆ Opera, cum notis variorum. *1672, 3 vol. in-8.º*

Œuvres de SÉNÈQUE le Philosophe, traduites par LAGRANGE. *6 vol. in-8.º,* ou *7 vol. in-12.*

Orateurs grecs.

DEMOSTHENIS Opera, gr. et lat., cum notis WOLFII. *1604, in-fol.;* ou en grec seulement dans les *Oratores græci* de REISKE. *12 vol. in-8.º*

Œuvres de DEMOSTHÈNE et d'ESCHINE, traduites en français par AUGER; nouv. édit. *6 vol. in-8.º*

ISOCRATIS Opera, græcè et latinè; ex recensione BATTIE. *Cantabrigiæ, 1729, 2 vol. in-8.º;* ou dans la collection de REISKE.

Œuvres d'ISOCRATE, trad. en français par AUGER. *3 vol. in-8.º*

Orateurs latins.

CICERONIS Opera, cum delectu commentariorum, curâ Jos. OLIVETI. *Parisiis, 1740, 9 vol. in-4.°;* vel ex recensione Jos. Aug. ERNESTI. *Halæ-Saxon. 1776, 8 vol. in-8.°*

Oraisons choisies de CICÉRON, trad. revue par DE WAILLY, avec le latin à côté. *3 vol. in-12.*

Harangues de DÉMOSTHÈNE, et Catilinaires de CICÉRON, trad. en fr. par D'OLIVET. *In-12.*

Œuvres posthumes d'Athanase AUGER, contenant la traduction des Oraisons de CICÉRON. *10 vol. in-8.°*

Harangues choisies des historiens latins, trad. par l'abbé MILLOT. *2 vol. in-12.*

Rhéteurs anciens.

ARISTOTELIS Opera, græcè et latinè; edente G. DUVAL. *Parisiis, 1619, 2 vol. in-fol.*

Rhétorique d'ARISTOTE, traduite en français par CASSANDRE. *In-12.*

Les quatre Poétiques, d'ARISTOTE, d'HORACE, de VIDA et de DESPRÉAUX, avec les traductions et des remarques, par BATTEUX. *2 vol. in-12.*

Ouvrages de rhétorique et plusieurs discours de CICÉRON, trad. en français (par DÉMEUNIER, CLÉMENT et GUEROULT frères). *8 vol. in-12.*

M. Fabius QUINTILIANUS, ad usum scholarum

accommodatus et notis illustratus à Carolo ROL-
LIN. 2 *vol. in-12.*

QUINTILIEN, De l'institution de l'orateur, traduit
en français par GEDOYN ; nouv. édit., revue et
corrigée. *Paris , Barbou , an 12 , 4 vol. in-12.*

Epistolaires.

Lettres de CICÉRON, latin-français. *12 vol. in-8.e ;
édition de Goujon.*

PLINII Epistolæ et Panegyricus ; edente LALLE-
MANT. *In-12.*

Lettres et Panégyrique de Trajan, par PLINE le
jeune, trad. par SACY. *3 vol. in-12.*

Grammaires.

Grammaire générale de Port-Royal, avec les notes
de DUCLOS et le supplément de FROMANT.
In-12.

Grammaire grecque de Port-Royal. *1754 , in-8.º*

Grammaire grecque de GAIL. *In-8.e*

Manuel de la langue grecque, par L'ÉCLUSE. *In-8.º*

Grammaire latine de Port-Royal. *1761 , in-8.º*

Nouvelle méthode pour étudier la langue latine,
suivant les principes de DU MARSAIS, par GUE-
ROULT ; 3.e édit. *In-8.e*

Synonymes français, par GIRARD. 2 *vol. in-12.*

Nouveaux Synonymes français, par ROUBAUD.
4 vol. in-8.º

Dictionnaire universel des synonymes de la langue
française, par GIRARD, BEAUZÉE, ROUBAUD
et autres (rédigé par MORIN). *3 vol. in-12.*

Principes de la langue française, par GIRARD. *2 vol.
in-12.*

Remarques sur la langue française, par D'OLIVET.
In-12.

Opuscules sur la langue française, par divers Académiciens. *In-12.*

Les agrémens du langage (par DE GAMACHES).
1718, in-12.

Prin...es de style (par HÉRISSANT). *1779, in-12.*

Remarques de VAUGELAS sur la langue française,
avec des notes de PATRU et de Th. CORNEILLE.
1738, 3 vol. in-12.

Grammaire française de WAILLY, donnée par le
fils; 11.ᵉ édition. *In-12.*

Grammaire générale de SICARD; 2.ᵉ édition. *2 vol.
in-8.º*

Dictionnaires.

Henr. STEPHANI Thesaurus linguæ græcæ, cum
duobus glossariis. *1572 et 1573, 5 vol. in-fol.*

HEDERICI Lexicon græc. lat., curâ ERNESTI,
auctum à T. MORELL. *Londini, 1790, in-4.º*

Rob. STEPHANI Thesaurus linguæ latinæ, edente
Jo. Matt. GESNERO. *Lipsiæ, 1749, 4 vol. in-fol.*

Dictionnaire latin-français de BOUDOT. *In-8.º*

Dictionnaire de l'Académie française. *2 vol. in-4.º*

Dictionnaire universel, dit de TRÉVOUX. *8 vol. in-fol.*

Dictionnaire critique de la langue française, par FÉRAUD. *3 vol. in-4.º*

Manuel lexique, par PRÉVOST. *2 vol. in-8.º*

Dictionnaire de la fable, par NOËL. *2 vol. in-8.º*

Dictionnaire des beaux-arts, par MILLIN. *2 vol. in-8.º*

Dictionnaire français-latin de LALLEMANT. *In-8.º*

Dictionnaire des auteurs classiques, par François SABBATHIER. *36 vol. in-8.º*

Dictionnaire universel de la langue française, par BOISTE, dernière édition. *In-4.º*

Vocabulaire français, par DE WAILLY. *Paris, Rémont, in-8.º*

Dictionnaire étymologique des mots français dérivés du grec, par MORIN. *Paris, Warée, in-8.º*

Dictionnaire anglais et français de BOYER. *2 vol. in-4.º*

Dictionnaire italien d'ALBERTI. *2 vol. in-4.º*

Dictionnaire français et allemand, à l'usage des deux nations. *2 vol. in-4.º ou in-8.º*

Dictionnaire espagnol, par DE SÉJOURNANT. *2 vol. in-4.º*

LITTÉRATURE FRANÇAISE.

Poëtes.

Poésies de MALHERBE, rangées par ordre chronologique, avec un discours sur les obligations que
la langue et la poésie française ont à Malherbe,
et quelques remarques historiques (par SAINT-
MARC). *Paris, 1757, in-8.°*

Œuvres de P. CORNEILLE, avec les commentaires
de VOLTAIRE et des observations critiques, par
PALISSOT. *12 vol in-8.°*

Œuvres de MOLIÈRE, avec les commentaires de
BRET. *8 vol. in-12.*

Œuvres de DESTOUCHES. *10 vol. in-12.*

Œuvres de LA FONTAINE. *4 vol. in-12.*

LA FONTAINE et tous les fabulistes, par GUIL-
LON. *2 vol. in-8.°*

Œuvres de BOILEAU. *2 vol. in-12.*

Les mêmes, avec les notes de S.ᵗ MARC. *Paris, 1747,
5 vol. in-8.° ; ou Amsterdam, 1772, 5 vol. in-12.*

Œuvres de RACINE. *3 vol. in-12.*

Œuvres de CRÉBILLON. *3 vol. in-12.*

Théâtre et poésies diverses de VOLTAIRE. *12 vol.
in-12.*

Œuvres de J. B. ROUSSEAU, édit. de SEGUY.
4 vol. in-12.

Œuvres de GRESSET. 2 vol. in-12.

La Religion, poëme, par RACINE le fils. In-12.

Les Plantes, poëme, par CASTEL. In-12.

Les Ouvrages de Jacques DELILLE. 2 vol. in-12.

Les Saisons, poëme, par SAINT-LAMBERT. In-8.°

Aventures de Télémaque, par FÉNÉLON. 2 vol. in-12.

Orateurs.

Sermons de BOURDALOUE. 15 vol. in-12.

Sermons de MASSILLON. 15 vol. in-12.

Sermons choisis et Oraisons funèbres de BOSSUET. 2 vol. in-12.

Oraisons funèbres de FLÉCHIER. In-12.

Sermons de POULLE. 2 vol. in-12.

Sermons de REYBAS. 2 vol. in-8.°

Éloges des Académiciens, par FONTENELLE. 2 vol. in-12.

Œuvres de THOMAS. 4 vol. in-8.° ou in-12.

Traités littéraires.

Traité des études, par ROLLIN. 2 vol. in-4.° ou 4 vol. in-12.

Principes de littérature, par BATTEUX. 6 vol. in-12.

Élémens de littérature, par MARMONTEL. 1787, 6 vol. in-12.

Cours de littérature, par LA HARPE. 14 vol. in-8.°

Traité du poëme épique, par le P. LE BOSSU. *In-12.*

Réflexions sur la poésie et la peinture, par DUBOS. *3 vol. in-12.*

Rhétorique française, par CRÉVIER. *2 vol. in-12.*

Dialogues sur l'éloquence, par FÉNÉLON. *In-12.*

Principes d'éloquence pour la chaire et le barreau, par MAURY. *In-8.º* ou *in-12.*

Tropes de DU MARSAIS. *In-12.*

Manuel épistolaire de PHILIPON DE LA MADE-LAINE. *In-12.*

Leçons de littérature et de morale, par NOËL et DE LA PLACE. *In-8.º*

Moralistes.

Caractères de LA BRUYÈRE. *2 vol. in-12.*

Maximes de LA ROCHEFOUCAULD. *In-8.º*

Considérations sur les mœurs, par DUCLOS. *In-12.*

Théorie des sentimens agréables, par DE POUILLY. *Paris, 1774, in-12.*

Dialogues des morts, par FÉNÉLON. *In-12.*

Éducation des filles, par le même. *In-12.*

Pensées de PASCAL. *In-12.*

Philosophes.

Démonstration de l'existence de Dieu, par FÉNÉ-LON. *In-12.*

Recherche de la vérité, par MALEBRANCHE. 4 vol. in-12.

Œuvres philosophiques de CONDILLAC. 6 vol. in-12.

Logique et principes de grammaire, par DU MARSAIS. 2 vol. in-12.

Logique de Port-Royal (par ARNAULD et NICOLE). In-12.

Logique de CONDILLAC. In-18.

Logique de CONDILLAC, par NOËL. 3 vol. in-12.

Influence des signes, par DÉGÉRANDO. 4 vol. in-8.°

Épistolaires.

Les Provinciales. In-12.

Lettres de Madame DE SÉVIGNÉ. 10 vol. in-12.

LITTÉRATURE ÉTRANGÈRE.

Le Paradis perdu de MILTON, traduit en français par DUPRÉ DE SAINT-MAUR. 3 vol. in-12.

Œuvres de POPE, traduites en français par différens auteurs. 8 vol. in-8.°

Œuvres d'ADDISON, en anglais. 3 vol. in-12.

Les Saisons de THOMSON, traduites en français (par Madame BONTEMPS). In-8.°

Fables de GAY, en anglais. In-12.

Fables de GAY, traduites en français (par Madame DE KÉRALIO). 1759, in-12.

Œuvres dramatiques de DRYDEN, en anglais. 6 vol. in-12.

Théâtre anglais, traduit en français par DE LA PLACE. *8 vol. in-12.*

Traduction du Théâtre anglais (par Madame DE VASSE). *1784-1787, 12 vol. in-8.º*

Le Spectateur anglais (par STEELE et ADDISON), traduit en français. *9 vol. in-12* ou *3 vol. in-4.º*

Le ministre de Wakefield, traduit de l'anglais de GOLDSMITH. *2 vol. in-12.*

OSSIAN, trad. par LE TOURNEUR. *2 vol. in-8.º*

Leçons de rhétorique, trad. de l'anglais de BLAIR, par CANTWELL. *4 vol. in-8.º*

Sermons de BLAIR, traduits en français par FROSSARD. *3 vol. in-8.º*

L'Enfer du DANTE, traduit en français par MOUTONNET-CLAIRFONS. *Paris, 1776 ;* ou (par RIVAROL). *1785, in-8.º*

Jérusalem délivrée, poëme, traduit de l'italien (par LE BRUN); nouvelle édition, revue et corrigée, enrichie de la Vie du TASSE (par SUARD). *Paris, an 11 [1803], 2 vol. in-8.º*

L'ARIOSTE et LE TASSE, avec la traduction française, par PANCKOUCKE et FRAMERY. *15 vol. in-18.*

L'Aminte du TASSE, trad. en fr. par PECQUET. *In-12.*

Œuvres de GESSNER, trad. en fr. (par HUBER). *3 vol. in-18.*

Poésies de HALLER, traduites en français (par
    HUBER). *In-12.*

Vie et Lettres, Leçons de morale et Fables de GEL-
    LERT, traduites en français. 6 *vol. in-8.*

La Lusiade du CAMOENS, poëme héroïque, traduit
    du portugais (par LA HARPE). 2 *vol. in-8.*

Certifié conforme :

*Le Conseiller d'état, chargé de la direction et de la
    surveillance de l'Instruction publique,*

Signé FOURCROY.

IMPRIMÉ

Par les soins de J. J. MARCEL, Directeur
de l'Imprimerie de la République.